中國歷史大冒險 ⑪

元朝天下

方舒眉　著

馬星原　繪

新雅文化事業有限公司
www.sunya.com.hk

目錄

每回附有：歷史文化知多點

序

輕輕鬆鬆 閱讀歷史！

　　中華民族是一個古老的民族；中國歷史上下五千年，堪稱源遠流長。整部民族的歷史，是我們集體的過去，是我們祖先的奮鬥歷程，是我們所以有今天的因果。鑑古知今，繼往開來，不認識自己的民族歷史，猶如無根的植物，是不行的。

　　讀歷史，要有方法。以漫畫作媒介，以圖像說故事，可以輕輕鬆鬆地閱讀歷史。只要小孩子主動地拿起來看，他就會認識了盤古初開、三皇五帝、夏商周以至唐宋元明清……雖然只是一個梗概，但心中埋下了種子，以後不會對歷史課感到枯燥乏味，這就是我們的目的了。

　　本系列前稱《歷史大冒險》（中國篇），自 2008 年出版以來，一直深受孩子喜愛。如今重新出版，並豐富其內容：在漫畫底部增設「世界歷史透視」時間線和「中外神話／歷史大比照」，讓孩子通過比較中西方發展，以更宏觀的角度學習歷史；每個章回後亦設有「歷史文化知多點」，介紹相關朝代的知識，並設有「想一想」的開放式問題，以培養孩子的獨立思考。希望孩子在輕鬆看漫畫之餘，也能得到更充實的歷史知識。祝各位讀者享受這次歷史之旅！

方舒眉

登場人物

Q小子

活潑精靈，穿起戰衣後戰鬥力強。

A博士

歷史知識廣博，發明了「中國歷史大冒險」的時光網絡。

神龜

本來是遠古海龜，現與Q小子和A博士一起穿梭古代。

成吉思汗

原名鐵木真，建立蒙古帝國，為歷史上傑出的軍事家。

札木合

札達蘭部的首領，與成吉思汗結義為安答，最後敗於其手上。

4

窩闊台

成吉思汗的三子，接任為大汗，發動西征攻打歐洲。

拖雷

成吉思汗的四子，與窩闊台一起討伐金國。

賈似道

南宋丞相，私下與蒙古軍議和，後在流放途中被殺。

忽必烈

拖雷之子，自立為汗，滅南宋，建立元朝，是為元世祖。

阿里不哥

忽必烈之弟，與其兄爭奪汗位，失敗收場。

馬可孛羅

威尼斯人，相傳曾到過中國，並撰寫了《馬可孛羅遊記》。

朱元璋

原名朱重八，元末時加入紅巾軍起事，後來建立明朝。

時代簡介

　　元朝的序幕，由蒙古部落首領鐵木真掀開。他善於用兵，統一各部落後被推舉成為草原上的大汗，得「成吉思汗」的尊稱。及後他開始領軍西征，其子孫亦繼承其志，繼續東征西討。公元 1271 年，忽必烈建立元朝，是為元世祖。

　　元朝時期的帝王對漢人非常苛刻，並將百姓分為四等，階級分明。蒙古人的高壓統治導致民不聊生，結果百年不到，元朝便土崩瓦解，退出歷史舞台。

第七十回

草原英雄鐵木真

　　蒙古人忽必烈建立元朝，其後更消滅南宋漢人政權。不過，在蒙古人以遊牧民族的身分統治中國以前，蒙古草原上早已出現一位雄才偉略的領袖，名叫成吉思汗，他及其子孫三次西征，建立了橫跨歐洲和亞洲的龐大帝國。

　　然而，元朝這個「馬上得天下、馬上治天下」的政權，最後在中國卻以「馬上失天下」告終，被漢人所建立的明朝取而代之。

一下子就折斷了，很容易呢！

我們都做得到！

很好！這次我把五枝箭綑在一起⋯⋯

結果，五個小孩出盡吃奶之力，都弄不斷一束箭。

這是教人「團結」的故事，跟元朝歷史有何關係啊？

世界歷史透視

因為其中一個小孩，就是成吉思汗的先祖！

母親，我明白團結的重要性了！

團結就是力量！

「成吉思汗」的意思，就是「強大」的君王或四海之王。

他本名叫鐵木真，生來並非王族，父親也速該只是一個小部落的酋長。鐵木真出生時，也速該剛打敗一位名為「鐵木真兀格」的勇士。按蒙古人的信仰，該勇士的勇氣會轉移到初生的嬰兒身上，所以他為兒子取名為鐵木真。

鐵木真自小學習騎射，天資聰敏。

公元 1162 年
鐵木真誕生

公元 1169 年
英格蘭征服愛爾蘭

中外歷史
大比照

在中世紀的歐洲，超過十二歲的女孩和超過十四歲的男孩便可結婚。

也速該帶鐵木真去他母親家的部落，途中遇到一位朋友特薛禪……

哦，這就是你的兒子鐵木真嗎？

真是一表人才啊！

哈哈，謝謝！

不如我把小女孛兒帖許配給他吧！

特薛禪很喜歡鐵木真，便將十歲的女兒許配給他。

可是他在歸途中被敵對的塔塔兒人下了毒，回家不久後便暴斃！

按照蒙古風俗，特薛禪留下鐵木真小住，也速該便獨自回去。

喔！鐵木真怎麼辦？

15

鐵木真首次嘗到人情冷暖的滋味，他父親生前的下屬和盟友紛紛離他們一家而去。

鐵木真度過極之艱苦的青少年階段，直至他和孛兒帖成親後，得到她部落的幫助，才開始慢慢發展勢力。

世界歷史透視

公元 1182 年

鐵木真成為乞顏部可汗

公元 1189 年

十字軍第三次東征

鐵木真有一名「安答」，名叫札木合……

「安答」是什麼意思？

「安答」即是「拜把子」，結拜兄弟的意思！

讓我們所統領的兩族人駐紮在一起，大家相親相愛！

好啊！

札木合

可是，鐵木真的部落日漸強大，人數越來越多，難免與札木合在資源分配上出現衝突。終於，鐵木真帶同他的部落悄悄離開……

報告！鐵木真忽然帶着其部落人馬離開，不知有何企圖！

由他去吧！

我們雖然經常吵架，但我會捨不得你離開呢！

可悲的是，他們日後逃不過兵戎相見……

初期，札木合在戰場上取得優勢，但他對待戰俘的手法非常殘忍，因而失去民心。

虐待戰俘？這嚴重違反《日內瓦公約》*，我們去勸勸他吧！

竟敢跟我對抗，把俘虜全部處死！

且慢！

來者是誰？奸細?!

別「手指指」這麼沒禮貌！

* 《日內瓦公約》是四部基本的國際人道法，於1949年重新審理及修訂，以保障戰爭中的平民和戰俘的待遇，並限制交戰各方在戰爭中的行為。

鐵木真在此戰中雖然敗給札木合，但他善待部下，因此越來越多部落依附在他麾下。後來鐵木真聯合義父王汗，成功擊敗札木合，並滅掉殺害父親的塔塔兒部。

可是，鐵本真的迅速崛起，令本來支持他的王汗非常不安。

當然還多得我們的協助！

歷史已成定局，你們只是錦上添花而已！

王汗

屢次敗在鐵木真手上的札木合，乘機施展離間計，游說王汗組成聯軍攻擊鐵木真。

鐵木真有危機了！

這戰役最後怎麼樣？

鐵木真猝不及防，吃了一次慘烈的敗仗，軍隊只剩下四千餘人逃到貝爾湖⋯⋯

在此向天發誓，我必捲土重來！

成吉思汗的故事

艱苦的少年時代

鐵木真年少喪父，頓失依靠，因此經歷了艱苦的少年時代，但同時亦磨練出堅毅的意志。

在父親也速該死後，乞顏部的勢力衰弱，而鐵木真年紀尚輕，未能凝聚部眾。泰赤烏部本來歸屬於乞顏部，但其首領塔里忽台向來對也速該看不順眼，所以當也速該死後，他便把鐵木真一家遺棄，帶着部眾離開。鐵木真與母親和弟弟在深山，以釣魚、捕鼠和採集野菜度日，過着艱苦的生活。

後來，塔里忽台擔心鐵木真長大後會向他報復，於是決定斬草除根，派人追殺他。鐵木真獨自躲到深山的樹林裏，靠着捕鳥和吃樹皮，苦苦支撐了九天九夜，但最終還是因飢餓被迫下山，結果被擒。幸好機智的他趁着敵人晚上防守鬆懈，用木枷擊倒守衞者，並躲在河水裏以避過敵人的追捕，最後平安逃脫。

除此之外，鐵木真還經歷過被人盜去馬匹、妻子孛兒帖被俘虜等厄運，但他憑着堅毅不屈的精神逐一克服困境，成為了稱霸草原的一代梟雄。

建立蒙古帝國

公元 1206 年，經過多年的征伐，鐵木真終於成為蒙古各部的大汗，被尊稱為成吉思汗。

蒙古草原遼闊，部族眾多，語言和文化都各有不同。成吉思汗統一草原各部後，着手建立一套較完善的管治制度。他確立了千戶制，將部眾分配給宗親和功臣；又增加了護衛軍的人數，挑選貴族子弟擔任，以便大汗能控制各地的貴族，同時又給予護衛軍優厚的待遇，使他們成為效忠大汗的精銳軍隊，鞏固了成吉思汗家族的統治。此外，成吉思汗創造了蒙古文字，又頒布「大札撒」法典。

在成吉思汗所建立的基礎上，其子孫一步一步擴大蒙古帝國的版圖，而成吉思汗的成就亦為後人所稱頌。

▲ 位於蒙古的成吉思汗雕像

想一想

你認為成吉思汗是一個好領袖嗎？
他有什麼值得學習的地方？

第七十一回

成吉思汗西征

數月後，鐵木真收攏散兵，突襲王汗軍營。王汗大敗，並死於逃亡路上，札木合則投靠乃蠻族首領太陽汗。

此後，鐵木真向蒙古西邊征伐，吞併了乃蠻族……

氣勢如虹的他終於成為蒙古的最強者！

現在，你是草原上唯一的霸主。

鐵木真，你終於贏了！

能夠讓兄弟肯定我的成就，這才是最光榮的！

混帳！誰讓你們把我的兄弟綁起來?!

快鬆綁！還有，把出賣他的五個混蛋都處死！

札木合，如今戰事已結束，我們不再是敵人！

我們可以回到當年一起騎馬、放鷹、喝酒、摔跤的日子。

不！不可能的！

但我現在身心俱疲，只想徹底休息……請你賜我不出血而死的「恩典」！

戰事結束，就是一切的終結……

鐵木真，少年時跟你作伴的愉快光陰，我永遠記在心上……

蒙古人認為，死者不出血便可保住靈魂。鐵木真最後答允了札木合的要求。

……

31

成吉思汗稱大汗後的第一個功業，就是降服強鄰西夏（今寧夏甘肅一帶）。

接着，他中止向金國進貢，並親率大軍入侵。金國君主遣使求和，反過來向蒙古送上黃金、絲綢和馬匹，並把公主嫁給成吉思汗為妻。

正當蒙古帝國的南侵進行得如火如荼之際，西方的花剌子模卻無端惹惱不該惹的強鄰！

花剌子模在哪裏？

在現今的烏茲別克、哈薩克和土庫曼三國的土地上。

花剌子模如何觸怒成吉思汗？

事緣花剌子模的君主摩訶末派出商隊前往蒙古，成吉思汗禮尚往來，也遣商隊往花剌子模。

蒙古商隊到達花剌子模的重要城市訛答剌，城主亦納勒術是個非常貪婪的人。

這些蒙古人是間諜，全部處死，貨物充公！

成吉思汗得知此消息後，非常憤怒……

相傳他登上山頂，跪伏在地，請求上天助他復仇。

他不飲不食，禱告了三天三夜才下山，從此立下西征的決心。

成吉思汗得知使者被殺的消息後，氣得七孔生煙呢。

如果你是成吉思汗，會怎麼辦？

還用説嗎？當然是揮軍踏平花刺子模！

慢着！蒙古與花刺子模之間，還隔着一個西遼，而這兩國之間的關係非常密切。

　　由於當時的西遼君主屈出律是通過篡位而奪得政權，根基未穩固，不得人心，所以成吉思汗的戰略是先取西遼。

西遼不堪一擊，成吉思汗掃除障礙後，
親率十多萬大軍向花剌子模發動進攻。

始作俑者的訛答剌城城主亦納勒術，
在城破後被活捉處死。

蒙古大軍繼續推
進，各城市相繼
失守……

摩訶末大驚之下，
作出「暫避敵人鋒
芒」的決定。

說白了，即
是逃跑啦！
哈哈！

父王！我們有四十萬大軍，人數上佔優，而且一旦撤退的話，軍心必定大亂！

如果父王非走不可，請讓我留下來！

摩訶末之子札蘭丁

我會指揮大軍作戰，把蒙古人趕回去！

你年輕不懂事，我們先避開其鋒，伺機反攻！

結果摩訶末這一着，兵敗如山倒。他逃到一個偏僻小島上，已病得奄奄一息……

孩子，你是對的……抵抗蒙古人的責任就交給你了……

父王！

這札蘭丁很不簡單，跟蒙古大軍交戰，也曾打過勝仗。

真厲害！

連成吉思汗也說「生子當如札蘭丁」！

可惜花剌子模內部派系不和，札蘭丁的軍隊勢孤力弱，終不敵成吉思汗鐵騎的步步進逼……

啟稟大汗，我們已將札蘭丁逼入死角！

很好！我要活捉他！

別讓他跑掉！

他今趟逃不了的！前面是懸崖！

放他一條生路吧！這麼優秀的人才卻不為我所用，真可惜！

他流亡到印度並請求援兵，但印度王公拒絕他。在各地輾轉十年後，他最後客死異鄉。

最後札蘭丁王子怎麼樣？

唉！國破家亡，只因亦納勒術的貪念而惹禍。

歷史就是這麼偶然，若當初沒有殺害使者事件，蒙古帝國也許不會打到東歐去！

當時西征大局已定，成吉思汗便把戰略重心放回東方去，他的下一個目標就是西夏！

約公元 1230 年
西非馬里帝國建立

歷史文化知多點

草原上的風雲人物

神射手哲別

　　蒙古草原上的男兒大都驍勇善戰，他們騎烈馬，挽大弓，哲別就是當中有名的神射手。

　　哲別原本屬於泰赤烏部，曾參與札木合與鐵木真之間的戰事，並在對戰期間把鐵木真心愛的白嘴黃馬一箭射死。後來哲別與將士逃入密林，被鐵木真的軍隊圍困，最後只好投降。鐵木真對痛失愛馬耿耿於懷，怒問誰是兇手，哲別毫不畏懼地招認了，對鐵木真說：「如果你不計前嫌，饒我一命，我願意為你效勞，赴湯蹈火，在所不辭！」鐵木真沒想到哲別會坦誠地招認，十分欣賞他，於是寬恕了哲別，讓他跟隨自己征戰。

　　哲別的箭術十分高超，據說他曾在戰事中徒手抓住敵人射來的一支沒有箭頭的箭，然後他利用這支箭射向敵人，結果一箭穿透敵人的心臟。哲別成為成吉思汗的重要大將，先後協助征服金國、西遼、花剌子模等地，建立了纍纍戰功。

治天下匠耶律楚材

成吉思汗統一了蒙古草原，又不斷對外征伐，但要管治這麼龐大的地方，需要一套行之有效的制度，耶律楚材就是為蒙古奠定制度的重要功臣。

耶律楚材是契丹人，為遼國宗室之後，自小受到良好的教育，精通漢文，博覽羣書，曾在金國當官。成吉思汗攻陷金國中都後，聽聞耶律楚材的才華，於是把他留在身邊當謀士。不過，這引起一位造弓的工匠不滿，他認為蒙古人打天下靠的是武力，耶律楚材只是一介讀書人，對征戰毫無用處。耶律楚材反問：「造弓需要弓匠，難道治理天下就不需要『治天下匠』嗎？」成吉思汗認為這十分有道理，於是更加倚重耶律楚材。

耶律楚材提出了多項改革，例如制定跪拜之禮、在各地設置官吏以管治百姓、制定賦稅、建立法律制度、推行科舉考試等。此外，耶律楚材反對蒙古軍屠城的做法，認為把城中的巧手工匠和擁有財富的大戶殺掉是重大損失。在他的勸說下，蒙古軍略為改變了屠城的習慣，在攻破金國汴京後沒有屠殺居民，百萬人命得以保全。

滅金大將速不台

在成吉思汗的手下之中，速不台可算是戰績最顯赫的大將。他曾跟隨成吉思汗征戰花剌子模、西夏等地，立下許多汗馬功勞。後來窩闊台繼承大汗之位，不久便揮軍攻打南面的金國，速不台自然被任命為大將。

窩闊台領軍進逼金國首都汴京，金國皇帝急召大將完顏合達前往救援。其時速不台帶領的軍隊正與完顏合達率領的軍隊作戰，於是他們便趁此機會破壞金軍的糧食補給點，並不斷在金軍吃飯和宿營的時候偷襲。當金軍來到鈞州（今河南省禹州市）的三峯山時，蒙古軍前往攔截，適逢天降大雪，蒙古人早已習慣在寒冷天氣作戰，結果一舉擊潰了金軍。

金軍在三峯山之戰大敗後，完顏合達被擒。他寧死不降，並要求與速不台見面，原來他是希望當面讚賞速不台英雄蓋世，並説能在死前見到如此豪傑心甘瞑目，可見他對速不台的尊敬。

滅金後，速不台又參與了蒙古帝國的西征，攻打俄羅斯、匈牙利、波蘭等地，成為歷史上征戰範圍最廣的將領。

長春真人丘處機

　　丘處機是道教其中一個派別「全真道」的掌教，道號「長春真人」。在他掌教時，全真道進入鼎盛時期，信徒眾多，影響力很大，因此他曾獲金國和南宋皇帝邀請前往其都城，藉以拉攏這股力量，但丘處機認為他們都不是好皇帝，拒絕了邀請。

　　後來，成吉思汗也聞說丘處機的名聲，邀請他前往蒙古會面，丘處機思考一番後終於答應了。經過漫長的旅途，丘處機抵達了蒙古，成吉思汗接見了他，向他詢問治國和養生之道。丘處機勸說成吉思汗要敬天愛民，節制自己的欲望，減少屠殺，在中原飽受戰火催殘的地方，免卻人民賦稅三年，與民休息。

　　由此可見丘處機不辭千里前來，是為了萬民的福祉，希望以言辭打動成吉思汗，而他亦成功得到成吉思汗的信任，對減少蒙古軍攻城時的殺戮有一定的幫助。

想一想

從以上人物的事跡來看，你認為成吉思汗能建立強大的蒙古帝國是什麼原因？

第七十二回

汗位之爭

成吉思汗對西夏一共發動了四次侵略，在最後一次征討時，西夏君主李遵頊*聞訊後大驚，急忙逃難，後來更直接傳位給兒子李德旺。

而李德旺最後因蒙古大軍壓境，驚憂而亡！

怎麼這般兒戲？

說得對！不過西夏尚未投降，成吉思汗又分兵攻打金國了！

西夏要完蛋了！

蒙古人怎麼這樣愛打仗？

*頊，粵音沃。

說穿了，蒙古人的目的不在土地，而在掠奪財物、牲畜和人口！

他們攻城之後，往往洗劫一空，並將精壯的人口帶回蒙古，男的為奴，女的為妻為婢。

但是歷史書上寫道，蒙古人也曾在東歐地方好好經營的！

這是因為成吉思汗有四名得力的嫡兒子，他們誰也不服誰，成吉思汗唯有採取分封領土的做法。

長子术赤　次子察合台　三子窩闊台　四子拖雷

53

成吉思汗尚未發跡時，妻子曾被蔑兒乞部的首領擄走，救回時已懷有身孕，所以有謠言指長子朮赤是蔑兒乞人的孩子。

這讓成吉思汗很頭痛吧！

你們別爭了！兩個脾氣都不好，不能擔當大汗之位！

我決定傳位給老三窩闊台！

為了補償他們，成吉思汗把朮赤和察合台分封，他們的封地都位於遠處，免得影響窩闊台繼位大汗。

但千算萬算，這汗位之爭還是免不了的！

公元 1227 年，成吉思汗去世，被欽點的窩闊台繼承大汗之位。

窩闊台的兩位哥哥已分封遠地，不成障礙，但其四弟拖雷卻是一個麻煩⋯⋯

窩闊台

因為蒙古人有「幼子守灶」的傳統，即幼子享有優先繼承遺產的權利⋯⋯

所以如果不是成吉思汗早有遺命，接掌汗位的應該是幼子拖雷*。

拖雷奉大汗窩闊台之命攻打金國，大勝後班師回朝，卻在途中收到窩闊台重病不起的消息。

*史載成吉思汗有六名兒子，首四名兒子均由正妻孛兒帖所生，拖雷為第四子。只有嫡兒子才有繼承汗位的資格。

為了讓你哥哥能早日康復,快喝下這符水吧!

巫師!這個……?

據《蒙古秘史》＊記載,巫師認為窩闊台的惡疾是因為冒犯了中土的「水土之靈」,需要犧牲家庭成員作祭品,此病才會痊癒。

結果,拖雷喝下巫師的施咒符水後暴斃,而窩闊台真的神奇地好起來。這充滿迷信色彩的秘史傳說,背後可能是帝王家的政治鬥爭手段吧!

可憐的拖雷!

但他的後代很爭氣,元朝的開國君主忽必烈就是他的兒子。

＊《蒙古秘史》是一部成書於13至14世紀的歷史著作,作者不詳。原書以蒙古文寫成,記載了成吉思汗22代先祖至窩闊台的歷史。

我知道忽必烈！「吞金滅宋」就是他做的。

什麼是「吞金滅宋」？

吞金滅「餸」者，指買食材時「打斧頭」*，私吞了「買餸錢」，於是餸菜便少了⋯⋯

別聽他胡說八道，教壞小朋友！

吞併金國的是窩闊台，介紹忽必烈滅宋之前，我們先回到窩闊台掌政的年代吧。

蒙古軍遠征東歐所向披靡，東歐軍民皆聞風喪膽。在戰火越燒越烈之際，某一天蒙古大軍卻忽然撤走了⋯⋯

咦？上主保佑，蒙古軍撤退了！

*「打斧頭」為廣東俗語，指在代買東西或代辦事情時從中取利。

原來是大汗窩闊台駕崩，蒙古皇親貴族都覬覦這個汗位，而軍隊就是實力的依據，於是他們立刻撤軍回朝，參加「忽里勒台大會」，推舉新的大汗。

一輪爭逐之後，汗位終於由窩闊台長子貴由繼任……

可是他不到兩年就病逝了！

有說是被毒死的呢！

成吉思汗長子朮赤一系，以強硬姿態擁立拖雷的長子蒙哥繼承汗位。

自此，拖雷家族執掌政權，統治蒙古帝國逾百年。

蒙哥

旭烈兀的西征軍所向披靡，先後征服位於西亞的巴格達和大馬士革，震動整個伊斯蘭世界。

為何蒙古人這麼強勁？

這跟他們的「殘忍心理戰術」有關！

他們攻克城池之後，每每奸淫擄掠，屠城數天或數個月……

然後將老弱婦孺驅趕至下一個攻城目標……

中外歷史
大比照

在13世紀，伊斯蘭世界屢次面對蒙古西征和歐洲十字軍東征的同時威脅，兩面受敵。

快去報告將軍，城外有很多難民湧至！

如果你是將軍，你會怎樣做？

還用說嗎？當然是開城門接納難民！血濃於水嘛！

嗯……

怎麼？不對嗎？

不是不對，但其實開不開城接納難民，一樣是中計的！

這是一個兩難的局面！

當城門打開，難民一湧而入的時候，就會出現敵方奸細混進來的風險；而更危險的是，疾如風的蒙古騎兵會乘着這機會衝入城中。

即使以上情況沒有發生，但受盡苦楚的難民進城後，會把可怕的所見所聞散播開去，使全城籠罩在恐慌的氛圍中。

還未計算這股如潮水般湧入的難民所造成的沉重糧食負擔。

但無論如何，他們都不會緊閉城門，見死不救吧？

不！真的有將軍這樣做的！

但此舉後果也很糟糕，會造成士氣低落，士兵怨恨長官見死不救。

魔鬼！

劊子手！

蒙古人進攻時，又會把這些俘虜當「人肉盾牌」！

蒙古人這套「攻城戰術」，使歐洲人吃盡苦頭。

歐洲人有「黃禍」的觀念，就是從這些慘痛經歷而來的。

然而，蒙古攻打南宋的東路軍就不是那麼順利了。

南宋軍民都知道退無可退，只差一步就會成為亡國奴。

兄弟們，挺住呀！

蒙哥和忽必烈分頭進擊南宋，但蒙哥忽然暴斃……

我知道這段歷史，讓我來説！

話說蒙哥正在指揮大軍進攻襄陽城……

其時，忽必烈正向鄂州（今湖北省東部）進兵……

是誰？神仙嗎？

這位是傻貓大師！

我特來告知蒙哥的死訊，你應該立即回去繼承汗位，否則……

不！我奉命征服南宋，怎能空手而回？

待我攻克鄂州，方可班師回朝！

歷史文化知多點

遊牧民族的生活

逐水草而居的蒙古族

「天蒼蒼，野茫茫，風吹草低見牛羊。」這句南北朝詩歌，描繪了蒙古草原上的生活風貌。古時候，蒙古族在草原上生活，以遊牧為生，與漢族的農耕社會十分不同。

受到生活環境所限，蒙古族不像漢族般在農田上耕種、種植食物，他們主要以畜牧牛、羊等為生，平日以「白食」和「紅食」為主。白食指以奶所製的食品，蒙古語稱為「查干伊得」；紅食則是以肉類所製的食品，蒙古語稱為「烏蘭伊得」。

為了畜牧，蒙古族需要經常遷徙，以尋找新的草原和水源。這種逐水草而居的生活方式並不安穩，而且深受自然因素的影響，如果遇上天災，大量牲畜缺乏糧食而死亡，他們便難以維持生計。

此外，草原上有許多不同的部族，可是資源並不充足。為了生存，各部族之間經常發生戰爭，通過武力來壯大自己的放牧範圍，或對抗敵人的掠奪。大自然的挑戰和部族之間的競爭，培養出蒙古族勇悍堅毅的特質。

蒙古包

以往蒙古族需要經常遷徙，因此他們不會在草原上建房子，那麼他們住在哪裏呢？一個個筒錐形的蒙古包就是他們的居所。

蒙古包這個名稱源於清代，「包」在滿語是家或屋的意思，蒙古包是滿族對蒙古族民居的稱呼。雖然稱為蒙古包，但其實很多中亞地區的遊牧民族也會使用。

蒙古包的設計非常適合遊牧民族的生活。蒙古包壁的骨架稱為「哈那」，它像網狀的欄柵一般，連接着中間的屋頂骨架，外面則鋪上羊毛氈和布料，組裝簡單。搬遷的時候，只要把哈那和布料捲摺起來，便可以輕鬆帶走。此外，蒙古包的筒錐形設計和外層的布料能抵擋草原上的強風，保持蒙古包內溫暖。

隨着時代的變遷，不少蒙古族人現今都住在樓房裏，但蒙古包作為蒙古族的特色之一仍然保留下來，有人更把蒙古包改裝為旅舍，讓遊客體驗住在蒙古包裏的感覺。

▲ 蒙古包

奏出族人心聲的馬頭琴

在蒙古族心中，馬匹的地位舉足輕重，很多事物亦與馬有關，例如傳統的兩弦樂器馬頭琴，便是因為琴杆頂端雕有小馬頭而得名。

這樂器有一段民間傳說，相傳牧人心愛的小馬被蒙古王爺搶去，小馬掛念牧人而逃走，結果身中多箭，雖然最終牠跑回牧人的身邊，但身受重傷而亡。牧人非常傷心，為了紀念死去的小馬，他利用小馬的腿骨和頭骨做成琴身，尾毛則作為弓弦，代表駿馬和牧人之間的濃厚感情。

馬頭琴以硬木製作，琴杆細長，音箱呈梯形，兩面披上馬皮或羊皮，音色圓潤，低迴婉轉，奏出的音樂與其他弓弦樂器有較大分別，適合演奏悠長遼闊的樂曲。到了成吉思汗的年代，馬頭琴已經成為蒙古族廣泛使用的樂器，後來更成為宮廷樂器之一。

蒙古大型運動會——那達慕

奧林匹克運動會是現今世界各地運動健兒的競賽舞台，而蒙古族也有他們自己的體育盛會，稱為「那達慕」，意即「遊戲」或「娛樂」。

成吉思汗在公元 1206 年統一蒙古後，規定每年七月至八月間在草原上舉行那達慕大會，挑選摔跤、射箭、賽馬其中一項進行競賽。後來這三項運動被列為「男子三藝」，每個蒙古男兒必須加以操練。除了競技比賽外，那達慕還包含宗教拜祭儀式，同時進行大規模頌佛活動，祈求神明保祐。

經過八百多年的演變，現在那達慕已發展成為一年一度的民族節日活動，規模、形式更完善，更加入馬球、馬術、田徑、球類比賽等項目。民眾皆盛裝出席，真是一個大眾同樂的盛大聚會呢！

想一想

你喜歡漢族的農業社會，還是蒙古族的遊牧生活多一點呢？

不可這樣説，小心駛得萬年船啊。

朕就派你領軍出征，將蒙古人趕回草原去！

這……

我只是一個文官，上戰場不就是要了我的命嗎？

讓我去送死嗎？我可不幹！

對了！

打仗我不在行，但和談卻是我的強項啊！

公元 1258 年

英王亨利三世簽署《牛津條例》，保障貴族權力

忽必烈正心急回去坐上汗位，卻又不甘心空手而回……

賈似道那傻瓜在這時求和，對忽必烈來說簡直是天掉下來的餡餅！

真笨啊！

好！

我接受你的和談條件，立即退兵！

於是忽必烈馬上趕回去登基做大汗了嗎？

哪有這麼簡單?! 當忽必烈回師途中，得悉他的弟弟阿里不哥準備搶先登位……

如果他直接返回蒙古都城哈拉和林，等着他的就不是汗位，而是牢籠了！

公元 1260 年
忽必烈自立為蒙古大汗

公元 1265 年
英國國會誕生

公元 1270 年
十字軍第八次東征

75

哈拉和林

什麼？
你再說
一遍！

阿里不哥

忽必烈大王……已在開平*宣布登基繼承大汗之位了！

竟然搶先我一步……
混帳！

我才是蒙古真正的大汗！

*開平位於今內蒙古自治區內，忽必烈繼位後，把開平立為上都。

76

77

託皇上鴻福，微臣以一敵百，把蒙古人打得落花流水……

最後他們「請和」，我只好答應了！

沒有最無恥，只有更無恥！

有賈卿家為朕分憂，朕可以安心施政……

噢！不……

是安心玩樂啊！

皇上英明！

看來不只是奸臣誤國，南宋亡國也跟王八蛋皇帝有關係！

嘭嘭！

宋理宗這傢伙沉迷酒色來逃避現實……

他去世後，姪子趙禥繼位為宋度宗，但度宗在位只有十年，三十五歲就去世了。

賈似道這傢伙比較長命，度宗駕崩後，他扶持三歲的趙㬎*登基，依然大權在握。

這時蒙古人又揮軍打過來了，朝中官員想到一個對付賈似道的辦法……

就是「恭請」他再次領軍對抗蒙古！

糟糕了！又要我上戰場！

唯有再出絕招……

派使者去跟蒙古人和談！

*㬎，粵音顯。

結果一開戰，賈似道就棄下十三萬士兵逃之夭夭。

但這一趟，蒙古人不相信他，拒絕議和。

羣龍無首的宋軍大敗，死傷不計其數。

賈似道逃回臨安，朝野上下要求處死他，最後攝政的謝太后把他流放到循州（今廣東龍川西）。

有一名武將叫鄭虎臣，搶着要押解他！

為什麼？

因為鄭虎臣的父親當年是被賈似道害死的，鄭虎臣一心要報殺父之仇！

混蛋！

你可知我是誰?!

為免受苦，你還是把這毒藥喝了吧！

據說賈似道吃下毒藥後不死，於是鄭虎臣在廁中殺死他……

真是遺臭萬年啊！

可是，不稟報不行啊！忽必烈親領大軍殺過來了！

豈有此理！誰怕誰啊?！我正要找他算帳呢！

自己送上門來正好，讓他知道誰才是大汗！

報告！忽必烈並不在哈拉和林……

太好了！天助我也！傳我命令……

看！是阿里不哥的兵馬！

他們舉起白旗，是來投降的，打開城門吧！

88

來人，把這蠢材綁起來！

是！

忽必烈又怎會罷休呢？

他立即出兵反攻，雙方再次會戰於戈壁沙漠……

阿里不哥再一次大敗，最後終於真正投降了，自此蒙古統一……

於是南宋就慘了！

若忽必烈兵敗，南宋可能不會亡國！我們不如幫助阿里不哥，改寫南宋命運吧！

絕對不可更改歷史！不過話說回來，蒙古統治階層一向分為兩派⋯⋯

一派崇尚「漢化」，另一派則主張保留草原的生活方式。

阿里不哥是「非漢化」一派，若由他來領導蒙古帝國，説不定他不會攻打南宋。

即使攻打，也是搶掠式的進攻。傳統的遊牧民族就是如此，錢財、牲口與人口比土地更重要！

南宋皇帝唯有大歎運氣不好了！

對！如果阿里不哥打贏了忽必烈的話，他很可能滿足於在蒙古草原上稱王，這樣他便不會去打南宋的主意！

忽必烈後來在中原做了皇帝，但在關外草原上，兄弟之間的戰爭卻連綿不斷。

歷史充滿「偶然」！南宋倒霉，但蒙古帝國也因漢化與非漢化之爭而步向分裂。

這叫塞翁「得」馬，焉知非「禍」！

現在我們去哪裏？

介紹你們認識馬可孛羅！

歷史文化知多點

稱霸歐亞的蒙古帝國

所向無敵的蒙古軍

成吉思汗與其子孫所發動的征戰，西邊最遠打到匈牙利，北至西伯利亞，東至中國東海岸，南至中南半島，建立了一個前所未見的龐大帝國。草原的生活方式培養出蒙古人強壯的體格和堅毅的性格，加上高明的戰術和先進的武器，使蒙古軍幾乎戰無不勝，讓敵人聞風喪膽。

蒙古人可說是在馬背上長大，自小就學騎馬、射箭，而騎兵正是蒙古軍的主要兵種。蒙古騎兵的機動性強，能快速移動，把敵人殺個措手不及。在面對歐洲騎兵時，蒙古軍往往會在雙方交戰後佯裝撤退，引敵軍向前進攻，然後蒙古軍便會從兩側及後方包抄，這種作戰方式不但能擊潰敵軍，亦可減少己方的傷亡。

此外，成吉思汗在征戰的過程中，不斷吸收敵人的武器技術，以增強軍隊的攻擊力，例如在攻破花剌子模後，蒙古軍把當地的工匠帶回蒙古，因此獲得了花剌子模的攻城器械，並建立了炮兵部隊，對日後的西征有重大的幫助。

四大汗國

　　成吉思汗的先祖以一束箭不易折斷的道理，來教導兒子團結的重要性，可是成吉思汗的後代為了權力和利益，卻引起了蒙古帝國分裂的危機。

　　成吉思汗死後，他的兒子和孫兒繼續開拓蒙古帝國的版圖，並相繼成立自己的汗國，這些汗國都是蒙古帝國的一部分。後來，忽必烈與阿里不哥為了爭奪汗位而開戰，內戰維持了四年，最後忽必烈勝出，成為了蒙古帝國的大汗，並建立元朝。

　　可是，忽必烈一直主張漢化，引起了蒙古各派的不滿，窩闊台汗國和察合台汗國都反對忽必烈，漸漸成為獨立的汗國，而欽察汗國早在蒙哥在位時已得到獨立，四大汗國之中只有伊兒汗國承認忽必烈為大汗。此後四大汗國一直各自為政，甚至互相攻伐。

　　直至忽必烈的孫子元成宗繼位，蒙古各派意識到彼此之間的鬥爭是破壞祖先留下來的基業，於是四大汗國與元朝達成和議，重新承認元朝的宗主地位，開設驛路，關塞恢復往來，蒙古皇室內部的紛爭遂告結束。

蒙古帝國最大疆域圖

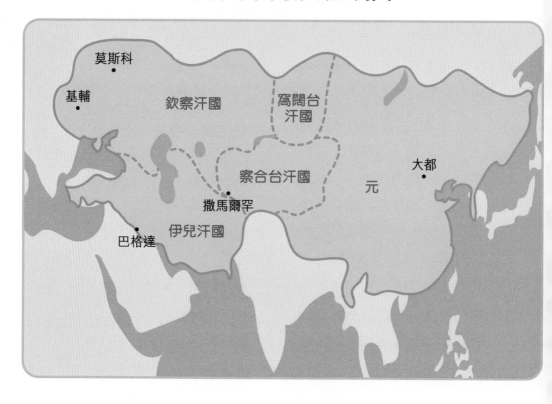

察合台汗國：公元 1222 年由成吉思汗的兒子察合台建立，位於現今新疆西部和中亞地區。

窩闊台汗國：公元 1225 年由成吉思汗的兒子窩闊台建立，位於現今阿爾泰山一帶和新疆北部。

欽察汗國：　公元 1242 年由成吉思汗的孫兒拔都建立，位於現今西伯利亞南部和歐洲東北部。

伊兒汗國：　公元 1256 年由成吉思汗的孫兒旭烈兀建立，位於現今伊朗、伊拉克、土耳其一帶。

無法征服的日本？

蒙古鐵騎踏破亞洲和歐洲無數地方，但是面對東方的島國日本卻束手無策，而抵擋着蒙古大軍的竟然是颱風呢！

忽必烈成為大汗後，高麗（韓國的古稱）對元朝俯首稱臣，忽必烈認為這是一個好機會，聯同高麗攻打日本，於是他便請高麗派出使者，表達與日本「結好」的心願。日本朝廷知道這是蒙古人的陰謀，並沒有理會他們的要求。

忽必烈眼見日本並不領情，於是開始作攻打日本的準備，建造了大量的船隻。公元 1274 年，忽必烈派出一萬五千名士兵，聯同高麗大軍向日本進攻。日本頑強抵抗，元軍久攻不下，更糟糕的是，突如其來的颱風把元軍的補給船隻吹翻，最終元軍失敗而返。

忽必烈不甘心，七年後再度揮軍向日本進發，而且兵力比上一次更多。巧合的是，元軍再次遭受颱風的襲擊，傷亡慘重，倉皇敗退。經歷了兩次失敗，忽必烈最終放棄了攻陷日本。

想一想

從蒙古帝國的版圖來看，你知道為什麼它對東西方文化交流有很大的作用呢？

第七十四回

馬可孛羅來華

騙我的吧？你這小孩子就是大名鼎鼎的馬可孛羅？

沒錯！馬可孛羅隨父親和叔叔到中國時，還不到二十歲呢！

幸會！他是靈貓大師，我是傻貓大師。

既然有緣，我來助你們快一點到達中國吧！

救命啊！

世界歷史透視

公元 1271 年
忽必烈改國號為大元

公元 1273 年
魯道夫一世即位，哈布斯堡王朝開始

這裏是元大都，忽必烈定都的京城！

大都即是今日的北京。

你們真的認識忽必烈嗎？

爸爸説以前曾拜見過他……

這次我們還特地帶來「聖油」晉見呢！

公元 1275 年
馬可孛羅到達元大都

公元 1279 年
忽必烈滅南宋

公元 1280 年
毛利人移居至紐西蘭

99

什麼是「聖油」？

聖油就是耶穌墓裏長明燈的油。據說忽必烈母親是基督徒，因此希望得到聖油來治病。

不說不知，蒙古人原來是信奉基督教嗎？

在蒙古貴族中，有部分人信奉「也里可温教」*，那是基督教的其中一個分支。

各位，我們平安將你們送來大都了，就此告別，祝一切順利！

咦？我們不跟隨他們去見忽必烈嗎？

*基督教在唐朝時傳入中國，當時稱為「景教」，後來逐漸絕跡；元朝時，基督教隨蒙古軍再度傳入中原，當時稱為「也里可温教」。

馬可孛羅的故事說來話長，我們找個地方坐下來，再慢慢說吧。

話說馬可孛羅朝見了忽必烈……

A博士真像個說書人！

哈 哈

你這小子很乖巧有趣，以後就留在我身邊辦事吧！

據他撰寫的《馬可孛羅遊記》記載，他說自己很聰明，沒多久就學懂了蒙古語。

馬可，你的蒙古語說得不錯呢！

謝謝！接下來我想學漢語。

傻瓜！

我國治下，人分四等……

你去學漢人的語言幹什麼呢？

稟大汗！我想遊歷全中國，懂漢語的話會方便一點。

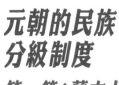

元朝的民族分級制度

第一等：蒙古人
第二等：色目人
第三等：漢人
第四等：南人

色目人是什麼民族？

笨蛋！「色目」，即眼睛有顏色的意思！

蠢的是你！別望文生義，穿鑿附會！

色目人的意思是「各色名目人」……

一切非蒙古人、漢人和南人都算是色目人。

大致上，中亞、西亞和歐洲各族都稱為色目人。

那麼馬可孛羅也算是「色目人」？

對！

你看我多聰明！

接着讓我講解第三等「漢人」和第四等「南人」的分別。

漢人就是中國人！這還需要解釋嗎？

當然要！元朝時「漢人」的定義與今日有所不同！

漢人
南人

元朝的「漢人」是指南宋邊界以外的北方人……

包括原金國境內的女真人、契丹人和北方漢人。

而「南人」就是以前南宋子民，他們的地位最低，屬第四等。

等一等！説着説着跑題了！

為什麼我們不陪同馬可孛羅見忽必烈？

很簡單！因為對於馬可孛羅其人其事，歷史學家分為兩派看法……

一派認為他只是道聽途説，根本沒到過中國，一派則相信他有到過中國。

我一貫的做法是存疑的歷史就「點到即止」！不過，我們也可以自己去遊歷中國，寫下遊記呢！

好！

你是阿Q波羅！

你是小龜波羅！

請結帳！

糟糕了！沒帶銀兩！你們誰留下來洗碗呢？

説笑而已！原來我身上有紙幣，不必洗碗了！

元朝時也用紙幣嗎？

盛惠……

當然有！登登登登！這就是元朝官方發行的紙幣！

其實紙幣在宋代已出現啦！

到了元朝時因朝廷大力推行，於是在民間廣泛流通。

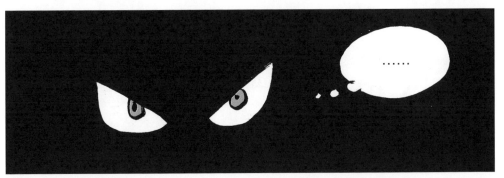

……

中外歷史
大比照

瑞典在1661年發行了歐洲最早的紙幣，比中國北宋時期發行的「交子」紙幣晚六百多年。

我們讀書人的地位很低，出路不多……

蒙古人也不重視開科取士，科舉不常開考……

即使成功及第，也不易做官，重要的官職都由蒙古人和色目人擔任……

可惡呀！真的假的？

真的，而且民間也有取笑儒生地位低下的説法……

官吏僧道醫工匠娼儒丐
一：官
二：吏
三：僧
四：道
五：醫
六：工
七：匠
八：娼
九：儒
十：丐

指元代統治者把職業分為十等……

這些職業等級在元朝並不存在，但反映了當時讀書人的地位已今非昔比。元朝統治者對漢人非常嚴苛，以致民不聊生，人們只好造反。

我們不如立即去看看明朝開國之君朱元璋吧！

這麼快?!

公元 1313 年
元朝復辦科舉

公元 1320 年
但丁完成《神曲》

反正元朝的國祚也不長，不足一百年，其中好幾位皇帝在位不久就駕崩，朝廷非常混亂。

元世祖忽必烈死後的三十八年間，共換了九位皇帝。

到元惠宗即位後才穩定一點，他在位三十五年，不過這時元朝已是強弩之末，最後蒙古人被漢人逐回草原去。

哈囉！重八！

歷史文化知多點

元朝的文化

馬可孛羅來華

馬可孛羅出生於威尼斯的一個商人家庭，自小聽家人講述遊歷中國的經歷，對神秘的東方充滿遐想，於是在公元1271年跟隨父親和叔叔踏上前往中國的旅途。

據馬可孛羅所稱，他因得到大汗忽必烈的喜愛，故以使者的身分遊歷中國，其足跡遍及西北、華北、西南和華東等地。在他所撰寫的《馬可孛羅遊記》中，不但以大篇幅描繪了元代的政治事件，還記錄了中國的歷史、宗教和風土人情等繁華面貌，開啟了中古時期西方人對中國的認識，從而激發對東方這顆明珠的好奇心，甚至促成後來哥倫布等探險家的探索之旅。

有些史學家對他是否真的曾到過中國感到懷疑，認為《馬可孛羅遊記》可能僅是他的「創作」，因為查遍元代史料，並無有關馬可孛羅其人其事的任何片言隻字記載；有些則認為在馬可孛羅的遊記裏，對當時中國的描述很多都是正確的，因此是馬可孛羅曾到訪中國的有力證據。

書畫家趙孟頫

在歷代書畫大家之中，元朝代表有趙孟頫（粵音虎），他在藝術方面享負盛名。他曾是宋朝貴族，亡國後回鄉閒居，後來得到忽必烈重用，成為元朝重臣。

趙孟頫書法的獨特之處是他追求筆墨合一。根據其著作《松雪齋集》所言，他認為透過筆墨能盡顯畫家內在修養及思想，從而創造出個人風格。

除了精通書法，他亦醉心繪畫，《鵲華秋色圖》是其代表作，山峯以深藍色為主調，配上層次立體的樹木，給人平靜、和諧的感覺，帶出淡淡清幽。這作品是趙孟頫為好友周密所作，以慰其思鄉之情。

▲《鵲華秋色圖》（局部），台北故宮博物院藏。

元代的戲曲藝術

元曲是盛行於元代的戲曲藝術，可分為散曲和雜劇。元曲本來是在民間流傳的「街市小令」或「村坊小調」，隨着蒙古人入主中原，元曲以大都（今北京）和臨安（今杭州）為中心流傳開去，在思想內容和藝術成就方面都甚具特色，和唐詩、宋詞、明清小説鼎足並舉。

元散曲只唱而不伴演，有嚴密的格律格式，每一曲牌的句式、字數、平仄都有固定的格式要求。雖然有特定格式，但元曲並不死板，允許增字，部分曲牌中還能增句，與律詩絕句和宋詞相比有較大的靈活性，所以兩首一樣曲牌的散曲有時字數可以不一樣。

元雜劇則是戲曲，以曲詞、對白和動作來演出一個完整的故事。元曲中有四位作家代表了元代不同時期、不同流派的雜劇創作成就，他們是關漢卿、馬致遠、白樸和鄭光祖，合稱為「元曲四大家」。

想一想

元曲與唐詩、宋詞相比，主要以平民為對象，你認為元曲的興起與當時蒙古人不着重漢人士大夫文化有什麼關係？

第七十五回

改朝換代

這位重八老兄是什麼人？

他們從天上來的，一定是神仙！

重八就是日後成為明朝開國之君的朱元璋！

重八這名字真怪！

古時沒什麼知識的鄉下人，都喜歡用數字改名，方便易記啊！

譬如他的父親叫朱五四，祖父則叫朱初一，重八你説是不是？

是……是的！

果然是神仙，什麼都知道！

但你日後會改名為朱元璋。

元朝欺壓漢人，我痛恨他們啊！為何名字中有個「元」字？

哈哈，因為這配合你姓氏的諧音，就很有意思啦！

嘩!真正的武林高手呀!

求神仙收我為徒,好讓弟子學成之後,驅逐蒙古人,恢復山河!

好!我就傳授你貓三腳的絕技吧!

收一個將來做皇帝的徒兒也不錯!

什麼「貓三腳」,那是「三腳貓」功夫才真!

不要緊,反正做皇帝的,通常都不是武藝最高強的一個。

一字馬!再低一點!

若干時日後……

嗯，你已經可以下山了！

多謝靈貓大師！

送你一冊「天書」，你遇上疑難的話，就看着照辦吧。

去！還我漢人山河，為建立明朝而努力吧！

再見！

咦？這傢伙是誰？相貌很特別呢！

有個大下巴！

他就是明太祖朱元璋啊！想看看他後人的照片嗎？

好呀！

別開玩笑，這是法國足球明星列貝利！

難以置信！法國人竟是中國皇族的後代?!

這可能有點根據的，列貝利道出一段家族傳說，相傳是中國皇族一脈……

他説祖先從遙遠的東方而來，而傳家之寶是中國明代文物。

翻查史料，符合這個説法的，可能跟明朝第二任皇帝建文帝朱允炆有關……

話説朱元璋的孫子朱允炆登基後，非常擔心分封後的叔伯兄弟有奪位之心……

皇上，為了江山社稷，請下旨削藩吧！

什麼是「削藩」？

「藩」是諸侯國的意思。

朱元璋建立明朝後，不聽大臣勸告，分封很多兒子為諸侯。

從歷史上的經驗來看，強大的諸侯國最終一定會染指帝位的！所以朱允炆便計劃削去各諸侯的權力，這就是「削藩」！

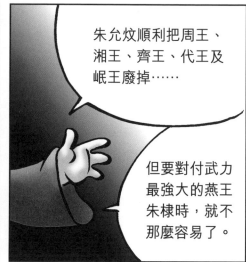

朱允炆順利把周王、湘王、齊王、代王及岷王廢掉……

但要對付武力最強大的燕王朱棣時，就不那麼容易了。

朱棣

朱允炆那小子竟敢動我，我要先下手為強！

對！我們都效忠燕王！

中外歷史大比照　在13世紀，英國先後頒布《大憲章》和《牛津條例》，國王不能任意剝削貴族的權力。

結果朱棣大軍攻入京城應天府（今南京），朱允炆兵敗後下落不明。有說他自焚而死，但並無證據，從此成為歷史上的一個謎團。

如果朱允炆一路出逃，為避過追殺，輾轉跑到歐洲去，也是有這個可能的。

你看右邊列貝利的面形，跟左邊朱元璋的畫像，真有點相似吧？

各位！是菩薩顯靈了！石人的「天眼」為我們預視前景……

就是我們要反抗，把蒙古人趕回草原去！

結果民眾一呼百應，加入「紅巾軍」起義了！

這獨眼石像真靈！

靈什麼呀，其實是白蓮教徒韓山童、劉福通搞出來的把戲！

因天災人禍紛至，民不聊生，導致附和者眾，紅巾軍的農民起義很快就蔓延全國。

中外歷史大比照 在中世紀晚期，歐洲也出現很多規模更廣的農民起義，例如1358年法國農民不滿重稅和徭役，發動扎克雷起義。

韓山童

白蓮教的韓山童自稱「明王出世」，但在起義初期因機事不密而被捕殺。其子韓林兒繼承他推翻元朝的遺志，號稱「小明王」。

朱元璋加入紅巾軍後，憑軍功及機遇而扶搖直上，成為雄霸一方的首領。

就是我們認識的那個「朱重八」？

對！就是那個小和尚。

這時有三大股割據勢力，除了朱元璋外，還有張士誠和陳友諒。

他們合作抗元嗎？

當然不是啦！他們彼此勾心鬥角，互相攻伐，拼個你死我活，張士誠還一度投降元朝呢！

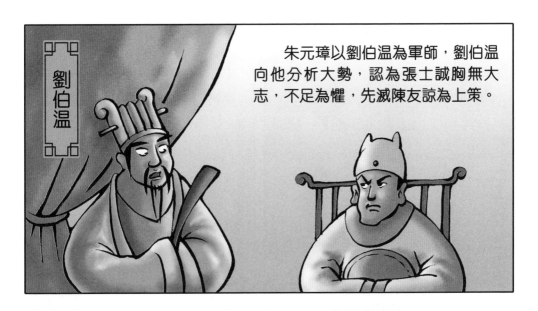

朱元璋以劉伯溫為軍師，劉伯溫向他分析大勢，認為張士誠胸無大志，不足為懼，先滅陳友諒為上策。

劉伯溫

公元 1363 年，陳友諒的六十萬大軍和朱元璋的二十萬大軍會戰於鄱陽湖。陳友諒人多船大，氣勢逼人；朱元璋利用小船敏捷的優點使用火攻，陳友諒大船轉動不便，一下子被燒着，烈焰騰空，全軍覆沒，陳友諒被亂箭射殺。

公元 1347 年

黑死病在歐洲蔓延

公元 1351 年

紅巾軍起事

殲滅陳友諒之後，朱元璋下一個目標就是張士誠。

公元 1367 年，張士誠在平江（今蘇州）被圍，十個月後城破被俘，最後自縊身亡。

這裏打個岔，張士誠身邊有一名幕僚，戰敗後轉投朱元璋，因寫了四大名著之一而聲名大噪……

這個人就是《三國演義》的作者羅貫中！

《三國演義》的故事很好看！

公元 1368 年，朱元璋在擊敗兩大競爭對手後，
於應天府稱帝，建國號大明，年號洪武。

咦？那位號稱
「小明王」的
韓林兒呢？

是呀，為何沒
有他的戲分？

在朱元璋仍奉韓
林兒為主的時
候，有一次他被
朱元璋派人護送
到應天府……

怎料船過長江時，竟然沉船
遇難，韓林兒死時才二十六歲。

公元 1363 年
朱元璋擊敗陳友諒

公元 1368 年
元朝滅亡

有史家認為，韓林兒溺水並非意外，而是朱元璋設計的陰謀！

真可怕！

為了做皇帝，他什麼都做得出來！

對了，我們在這裏做什麼？

看元朝的滅亡呀！在朱元璋稱帝的同年，朱元璋的部下徐達攻陷大都（今北京），元順帝北逃。

元朝在中國的統治正式結束。

　　由元世祖忽必烈建立元大都（公元 1271 年），將國號改為「大元」，至元順帝倉皇出逃（公元 1368 年），元朝的國祚只有九十八年，而在中國的統治只有九十年，跟曾建立橫跨亞洲和歐洲帝國的輝煌歷史不成比例，可見「馬上得天下」並不能「馬上治天下」，以高壓、殘暴的方式統治，必然會遭到反抗，難以長治久安。元朝結束，中國歷史進入明朝時代。

歷史文化知多點

元朝的統治

漢族的地位

元朝建立的四等人制，以漢人和南人為最低的兩等，反映了漢族的地位低下，亦顯示了蒙古人對漢族的戒心。

忽必烈初期主張漢化，曾重用一批漢人，當中包括割據山東的軍閥李璮。公元 1260 年，忽必烈和阿里不哥為爭奪大汗之位爆發內戰，三年後李璮乘着蒙古內亂而起兵反蒙，忽必烈非常驚訝，立刻調動兵馬討伐李璮，最終李璮兵敗被擒。忽必烈下令徹查事件，竟發現原來他所任用的漢人宰相王文統也參與謀反，忽必烈大怒，將他處死。此後，忽必烈對漢人懷有戒心，只讓他們出任次要的官職。

元朝建立後，一般的漢人百姓無法在法律上擁有與蒙古人同等的地位。如果蒙古人殺了漢人和南人，他們只需要繳交罰錢或從軍出征便可；可是如果漢人和南人殺死蒙古人，他們卻要被處死，甚至家人也會受到懲罰。這些對漢族實施的高壓政策，為日後元朝的滅亡埋下了禍根。

蒙古人如何管治多民族的國家？

忽必烈建立元朝，蒙古人正式入主中原，可是中原地區以漢族為多數，而且還有色目人這些不同的民族，那麼蒙古人是如何管治一個多民族的國家呢？

由於蒙古人是少數，他們擔心權力不穩，因此在中央政府的許多部門及地方政府設置了「達魯花赤」。達魯花赤是蒙古語，意思是「掌印者」，最初是由成吉思汗設立的官職，以管理地區的軍政事務，後來元朝建立後也沿用，泛指政府部門或地方政府的最高長官。這些職位掌握最高權力，因此必須由蒙古人或一些出身貴族的色目人來擔任，漢人、南人、契丹人、女真人和其他民族都不可出任。

此外，朝廷禁止漢人習武、私藏兵器、集會等，又規定每二十戶為一甲，由蒙古人充當甲主，負責監視漢人，防止漢人作亂。因此，生活在元朝的漢人，他們的生活可一點都不容易呢。

元末的通貨膨脹

元朝時發行的紙幣方便攜帶，便於通商，因此在全國廣泛流通。可是紙幣畢竟不像金、銀、銅幣般本身具有價值，一旦紙幣失去信譽，人們認為難以用紙幣兌換成同等價值的物品，便會造成貨幣崩潰，經濟出現大災難。元末的時候，因為朝廷濫發紙幣而造成嚴重的通貨膨脹，物價大幅上升，促成了元朝的滅亡。

元朝末年，朝廷亂花金錢，令到國庫空虛，為了解決財政問題，政府想到發行新紙幣「至正交鈔」，它與原本的「至元寶鈔」同時在市場上通行，可是交鈔的價值比寶鈔高一倍，這等於把百姓手上的寶鈔貶值了一半。更糟糕的是，朝廷毫無節制地印發交鈔，人們對這新鈔票毫無信心，物價也隨之急升，十錠鈔也買不到一斗粟。交鈔被扔在路上，行人也視為廢紙，無人撿拾。

百物騰貴令到民眾的生活更加艱難，朝廷這時還徵集大量民工修治黃河，再加上天災不斷，百姓生活陷入絕境，民眾起事自然難以避免。

月餅的故事

每到中秋節，家家戶戶都會賞圓月、吃月餅。中秋節吃月餅這個習俗的來源有多種說法，其中一個故事就是與反抗元朝的暴政有關。

元朝末年，百姓對於朝廷的高壓統治已經相當不滿，希望能夠推翻這個殘暴的政權。朱元璋打算聯合其他反抗勢力一起揭竿起義，可是朝廷對百姓的監管非常嚴密，如何傳遞起義的消息呢？

朱元璋的軍師劉伯溫於是獻上一計，趁着中秋節，命令下屬把寫有「八月十五殺韃子」的紙條放入圓餅裏，然後分送給各地的起義軍。當人們吃圓餅的時候發現了紙條，便紛紛準備在中秋夜起義抗元，以響應朱元璋的號召。後來起義成功，在後來的中秋節，朱元璋將當年用來傳遞起義信息的月餅賞賜給羣臣，此後月餅就成為了中秋節的應節食物。

雖然這只是在民間流傳的故事，但亦反映了當時百姓對元朝政府的反感。元朝的統治者不顧民生，只懂鎮壓反抗，最終斷送了江山。

想一想

你認為元朝應該以高壓的手段還是平等的方式來管治漢人？為什麼？

公元 1206 年
鐵木真統一蒙古各部，建立蒙古帝國，被尊稱為成吉思汗。

公元 1227 年
成吉思汗病逝蒙古滅西夏。

公元 1221 年
蒙古征服花剌子模。

公元 1275 年
馬可孛羅抵達大都。

公元 1279 年
忽必烈滅南宋，統一全國。

公元 1271 年
忽必烈改國號為大元。

公元 1363 年
朱元璋於鄱陽湖擊敗陳友諒。

公元 1351 年
紅巾軍起事。

公元 1235 年
蒙古展開西征，開始
侵略歐洲。

公元 1234 年
蒙古聯合南宋
滅金。

公元 1260 年
忽必烈自立為汗。

公元 1368 年
朱元璋攻陷大都，
元順帝北逃，元朝
滅亡。

遠古時代
夏 （公元前 2070 年至公元前 1600 年）
商 （公元前 1600 年至公元前 1046 年）
西周 （公元前 1046 年至公元前 771 年）
春秋 （公元前 770 年至公元前 403 年）
戰國 （公元前 403 年至公元前 221 年）
秦 （公元前 221 年至公元前 206 年）
漢 （公元前 206 年至公元 220 年）
三國 （公元 220 年至 280 年）
西晉 （公元 266 年至 316 年）
東晉 （公元 317 年至 420 年）
南北朝 （公元 420 年至 589 年）
隋 （公元 581 年至 618 年）
唐 （公元 618 年至 907 年）
五代十國 （公元 907 年至 979 年）
北宋 （公元 960 年至 1127 年）
南宋 （公元 1127 年至 1279 年）
元 （公元 1279 年至 1368 年）
明 （公元 1368 年至 1644 年）
清 （公元 1644 年至 1912 年）

中國歷史大冒險 ⑪

元朝天下

作　　　者：方舒眉
繪　　　圖：馬星原
責任編輯：陳志倩
美術設計：陳雅琳
出　　　版：新雅文化事業有限公司
　　　　　　香港英皇道 499 號北角工業大廈 18 樓
　　　　　　電話：（852）2138 7998
　　　　　　傳真：（852）2597 4003
　　　　　　網址：http://www.sunya.com.hk
　　　　　　電郵：marketing@sunya.com.hk
發　　　行：香港聯合書刊物流有限公司
　　　　　　香港新界大埔汀麗路 36 號中華商務印刷大廈 3 字樓
　　　　　　電話：（852）2150 2100
　　　　　　傳真：（852）2407 3062
　　　　　　電郵：info@suplogistics.com.hk
印　　　刷：Elite Company
　　　　　　香港黃竹坑業發街 2 號志聯興工業大樓 15 樓 A 室
版　　　次：二○二○年四月初版

ISBN: 978-962-08-7469-7
© 2020 Sun Ya Publications (HK) Ltd.
18/F, North Point Industrial Building, 499 King's Road, Hong Kong
Published and printed in Hong Kong

鳴謝：
本書P.26及P.68圖片來自Pixabay（https://pixabay.com）；P.114圖片來
自台北國立故宮博物院：故宮OPEN DATA專區（https://theme.npm.tw/
opendata）